Timo Gramer

Der Stoff aus dem die Ängste sind

Der Streit um das Kopftuch (In Deutschl:

C000140425

Timo Gramer

Der Stoff aus dem die Ängste sind

Der Streit um das Kopftuch (In Deutschland, Frankreich und der Türkei)

GRIN Verlag

Bibliografische Information der Deutschen Nationalbibliothek: Die Deutsche Bibliothek
verzeichnet diese Publikation in der Deutschen Nationalbibliografie; detaillierte bibliografische Daten sind im Internet über http://dnb.d-nb.de/ abrufbar.

1. Auflage 2008
Copyright © 2008 GRIN Verlag
http://www.grin.com/
Druck und Bindung: Books on Demand GmbH, Norderstedt Germany
ISBN 978-3-640-19850-4

Universität Leipzig
Institut für Kulturwissenschaften
Bereich C: Kultursoziologie
Seminar: Konfliktfeld Islam in Europa
WS 2005/2006

Der Stoff aus dem die Ängste sind –

Der Streit um das Kopftuch

(In Deutschland, Frankreich und Türkei)

Hausarbeit von Timo Gramer

Diplom-Journalistik / Kulturwissenschaften

Eingereicht nach Absprache im Oktober 2008

I Einleitung: Symbolik von Kleidung

I.I Mode nach Façon des Staates

Die Soziologie der Mode sagt innerhalb eines Staates oder Kulturkreises viel über dessen politischen Status Quo aus: Spezifische, ästhetische Wertevorstellungen bündeln sich zu sichtbaren sozialen Normen (Kleidungsvorschriften) über individuelles oder soziales Verhalten.

Im Russland des 16. Jahrhunderts ließ Zar Peter den Bojaren, slawischen Adligen unterhalb des Fürstenranges, die Bärte abschneiden. Mitte des 20. Jahrhunderts verbot Schah Reza iranischen Frauen den Tschador, einen umhangartigen schwarzen Schleier, welcher den ganzen Körper bedeckt und nur Gesichtspartien freilässt. 1980 untersagte die Türkei ihren Studentinnen, das Kopftuch innerhalb der Universitäten zu tragen, um eine als mitunter rückständig angesehene Religiosität aus dem säkularen, öffentlichen Raumes zu verbannen.[1]

An den drei vorangestellten Beispielen fällt auf, dass staatlich oktroyierte Modernisierungen häufig von außen nach innen gewandt scheinen und deshalb nicht selten an Körper und Kleidung exerziert werden. Mit einem neuen pauschalen Anstrich sollen tradierte innere Überzeugungen überwunden und modern definiertes Denken öffentlich zelebriert werden - in der Hoffung, dass, „wenn erst das Äußere modernisiert wäre, auch das Bewusstsein nachziehen werde".[2]

Auch wenn die vorangestellten Fälle in ihrer Entstehung und ihren gesellschaftlichen Folgen nicht direkt miteinander zu vergleichen sind, so bleibt zumindest eine starke Symbolkraft festzuhalten, die innerhalb politischer wie religiöser Orientierungsphasen von bestimmten Kleidungsstücken ausgeht: An „ostentativen Accessoires"[3], die von ihren Trägern nicht selten bewusst „zur Schau" gestellt und von unterschiedlichen Interessensgruppen mit zusätzlicher Symbolkraft aufgeladen werden, können schnell gesamtgesellschaftliche Debatten im öffentlichen Raum entbrennen.

---

[1] Zitat aus: Hoffmann, C. (27. Januar 2008), S. 58.
[2] Zitat nach ebd.
[3] Vgl. unter anderem Wohrab-Sahr, M. (2003)., S.273-297.

3

I.II Die Symbolkraft des Kopftuches

Dem mitunter auch als *„Religiöse Reizwäsche"*[4] bezeichneten Kopftuch hängen determinierte Konnotationen sowie unterschiedliche Interessensgruppen an. So wird es als hinreichendes Erkennungsmerkmal für sowohl religiöse, politische als auch emanzipatorische Ideologien interpretiert und als konsequente Ein- oder Abgrenzung von bestimmten Lebensmustern wahrgenommen. Seit einigen Jahren gibt es in vielen europäischen Ländern eine scharf geführte Debatte rund um das Kopftuch: *„In ihr geht es über das konkrete Thema hinaus um grundlegende Fragen des Verhältnisses zwischen Staat und Kirche, Politik und Religion, um Religionsfreiheit und staatlichen Erziehungsauftrag, um kulturelle Identität und Integration."*[5] Auch aufgrund einer omnipräsent-symbolischen Erhöhung des Kopftuches, hat sich eine ideologisch gefärbte Spaltung entwickelt, innerhalb derer sich Befürworter und Gegner des Kopftuches sowie generelle kulturelle Vorbehalte gegenüberstehen. Diese stehen aber nicht nur zwischen vermeintlich unterschiedlichen Bevölkerungsgruppen oder „Parallelgesellschaften", sondern auch zwischen Interessensgemeinschaften innerhalb ein- und desselben Kulturkreises.

„Gerade weil es so schwer ist, seine religiösen von seinen kulturellen und politischen Bedeutungen zu scheiden, setzt es so mächtige Emotionen frei", schreibt die Soziologin und Islamforscherin Nilüfer Göle über das Kopftuch[6]. Gerade solche Differenzierungen scheinen aber unverzichtbar ob des undurchsichtigen Konglomerates an Zuschreibungen für ebendieses. Deshalb stellt diese Arbeit im Folgenden die Selbst- und Fremdwahrnehmung muslimischer Frauen mit Kopftuch in den Mittelpunkt. Dabei sollen die unterschiedlichen Ebenen auf denen das Kopftuch diskutiert wird, historisch eingeordnet und abseits medialer Aufwertungen sachlich kategorisiert werden. So stellt die Arbeit zunächst einen kurzen Abriss historischer Islam-Quellen vor, welche sowohl Kopftuchkritiker als auch Befürworter des Öfteren rezitieren.

Auch auf dieser Grundlage werden exemplarisch die öffentlichen Kopftuchdebatten der vergangenen Jahre in Deutschland, Frankreich und der Türkei an gewissen „Präzedenzfällen" skizziert. Hinzu kommen aktuelle Studien und Statistiken über den

---

[4] Zum Beispiel bei Darnstädt, Thomas. (Februar 2008), S.81.
[5] Zitat nach Evangelischer Pressedienst. (13. August 2004), S.1.
[6] Zitat nach Göle, N. (26. Februar 2008), S.9.

Islam im Allgemeinen[7] sowie über das Kopftuch im Speziellen. Abschließend fasst der Kommentar die gemachten Aussagen auch im Sinne eines Ausblickes zusammen und setzt sich kritisch mit dem Begriff der Symbolik auseinander.

II Historische Bedeutung / Das Kopftuch im Koran

II.I Koran und Sunna

Im Wesentlichen stützt sich der Islam theologisch gesehen auf zwei Quellen: Die Erste ist der Koran, der nach dem Tod des Propheten Mohammed zwischen 632 und 652 in 114 Kapiteln (Suren) schriftlich verfasst wurde. Dem muslimischen Glauben zufolge erhielt Mohammed zwischen 610 und 632 zahlreiche göttliche Offenbarungen, welche seine Jünger auswendig lernten. Die zweite Quelle ist die Sunna, welche im Gegensatz zum Koran nicht als heilige Schrift angesehen und deren Authentizität von einigen Theologen in Frage gestellt wird. In der Sunna zeugen kurze Erzählungen, die Hadiths, von den Gewohnheiten, Handlungen und Aussagen Mohammeds.

Im Koran ist erstmals in der Geschichte des Islam von der Verschleierung der Frau die Rede. Der Koran ist per se keine wie auch immer geartete Gesetzgebung für die Rolle der Frau, da diese selbstverständlich auch zivilisatorisch mitbestimmt wurde. So sollte zwingend zwischen der theologischen Theorie und der gelebten Praxis des Islam unterschieden werden.

II.II Verschleierung im Koran

Die heilige Schrift gilt in islamischen Kulturkreisen bis heute als wichtige Legitimation, als mitunter axiomatischer Wegweiser für die Stellung der Frau – sowohl Gegner einer weiblichen Selbstbestimmung als auch emanzipatorische Strömungen berufen sich bis heute unter anderem auf folgende Verse des Koran:[8]

---

[7] Auch wenn der eine allumfassende Islam ob diverser muslimischer Strömungen und unterschiedlich tradierter Verhaltensmuster dem Autor als höchst zweifelhaftes Konstrukt erscheint.
[8] Folgende Koranstellen samt Übersetzungen stammen aus Paret, R. (1993). In C. Knieps, S.200 ff.

Der **Himärvers** (Tugendvers), Sure 24, Verse 30 und 31, 626 nach Christus:

„Sag den gläubigen Männern, sie sollen ihre Augen niederschlagen, und sie sollen darauf achten, dass ihre Scham bedeckt ist und sie diese bewahren. So halten sie sich am ehesten sittlich. (...)

„Und sag den gläubigen Frauen, sie sollen ihre Augen niederschlagen und sie sollen darauf achten, dass ihre Scham bedeckt ist, den Schmuck, den sie am Körper tragen, nicht offen zeigen, soweit er nicht sichtbar ist, ihren Schal sich über den Schlitz des Kleides ziehen und den Schmuck den sie am Körper tragen niemanden offen zeigen, außer ihrem Mann, ihrem Vater, ihren Brüdern, den Söhnen ihrer Brüder und ihren Schwestern, ihren Frauen, ihren Sklavinnen, den männlichen Bediensteten die keinen Trieb mehr haben und mit den Kindern, die noch nichts von weiblichen Geschlechtsteilen wissen. (...)[9]

Der **Gilbävers**, Sure 33, Vers 59, 625 nach Christus:

„Prophet! Sag deinen Gattinnen und Töchtern und den Frauen der Gläubigen, sie sollen sich etwas von ihrem Gewand über den Kopf herunterziehen. So ist es am ehesten gewährleistet, dass sie erkannt und daraufhin nicht belästigt werden. (...)[10]

Der **Higäbvers**, Sure 33, Vers 53, 627 nach Christus:

(...) Und wenn ihr die Gattinen des Propheten um etwas bittet, das ihr benötigt, dann tut das hinter einem Vorhang! Auf diese Weise bleibt euer und ihr Herz eher rein. Und ihr dürft den Gesandten Gottes nicht belästigen und seine Gattinnnen, wenn er nicht mehr da ist, in alle Zukunft nicht heiraten. Das würde bei Gott schwer wiegen.[11]

II.III Das Tuch als historische Sozialverfassung

Neben der Tatsache, dass diese Verse zwischen den Zeilen eine stark männlich-dominierte Gesellschaftshierarchie erkennen lassen, wird hier eine Verschleierung der Frau mit religiöser Tugend und Demut gleichgesetzt. Der normativ-islamische Verhaltenskatalog zwischen Mann und Frau bildet somit einen religiösen Überbau für das tägliche Miteinander. Laut der Historikerin Claudia Knieps geht es um ein verändertes Sozialverhalten zwischen den Geschlechtern, in dem Privatsphäre,

---

[9] Ebd. S.204 f.
[10] Ebd. S.200.
[11] Ebd. S.206

Besitz und Höflichkeitsregeln vermittelt werden sollen.[12] Die sogenannte Higābstruktur bricht, im Gewand einer Sozialverfassung, mit der Zeit des Vorislam und stellt ein neues koranisches Sittlichkeitsideal vor allem der Frau dar, deren Aushängeschild in der öffentlichen Wahrnehmung primär die Verschleierung, später vor allem das Kopftuch werden sollte. Die Verhüllung der gläubigen islamischen Frau[13] wurde in korantreuen Kreisen konstituierend und als hinreichendes Bekenntnis sowie ostentatives Symbol ihrer Ehrbarkeit gewertet. Die konkrete Art der Verschleierung war im Laufe der Jahrhunderte immer wieder Zeiteinflüssen ausgesetzt, so dass es hierin unter Korankommentatoren bis heute keinen allgemeingültigen Konsens gibt.

Zudem wird schon an den hier aufgeführten Koranstellen deutlich, welche vielschichtige Symbolik der Verschleierung historisch innewohnt. Neben religiösen Faktoren impliziert beispielsweise der Gilbāvers erste Anzeichen einer Art von Stammeszugehörigkeit (Kaste) verschleierter Frauen. So verhüllte sich die ehrbare Frau, ihre Sklavin aber nicht – gemäß der Kleidung die sie trugen, wurden die Frauen dann auch auf der Strasse von den Männern behandelt. Historisch gesehen gibt es demnach durchaus Belege für religiöse, politische, soziale und emanzipatorische Konnotationen des Kopftuches, welche bis heute, wenn auch mitunter nur unterschwellig, in den öffentlichen Debatten über das Kopftuch mitschwingen.

III. Das Kopftuch in der öffentlichen Debatte

III.I Testobjekt für nationale Freiheit

Innerhalb des vergangenen Jahrzehnts kam es in vielen europäischen Ländern zu äußerst emotional geführten Diskussionen rund um das Kopftuch. Dessen mediale Aufwertung und der symbolisch belegte Stellenwert führten in Deutschland und Frankreich - beide vom Christentum geprägt - zu öffentlich ausgetragenen Debatten und sogar zu zeitweiligen Krisen des jeweiligen Rechtsystems. Durch das Kopftuch rückten Fragen der Integration, der freien Religionsausübung, der Menschenrechte sowie der Gleichberechtigung von Mann und Frau in den Vordergrund und erschütterten althergebrachte (nationale) Traditionen in ihren Grundfesten. In der

---

[12] Vgl. Knieps, C. (1993), S.190.
[13] Ebd. S. 195. Zunächst hatten diese Vorbildfunktion laut Knieps nur die Frauen des Propheten inne. Durch deren Vorbildfunktion, so Knieps, hätte sich die Allgemeinheit diese Regeln als gelebtes Ideal zu eigen gemacht.

Türkei führte der Disput um das Kopftuch sogar zu einer allumfassenden Staatskrise, an deren Höhepunkt die Regierungspartei um ein Haar verboten worden wäre. Zudem schürte der öffentliche Streit die Angst vor einer islamischen Revolution und einem Gottesstaat à la Iran - für viele Türken stand nicht weniger als die Existenz ihres Staates auf dem Spiel.

Aufgrund dieser existentiell anmutenden Ereignisse erscheint das Tuch zum ultimativen Testobjekt für die Freiheitlichkeit und Rechtsstaatlichkeit der jeweiligen Gesellschaft mutiert zu sein.[14]

III.II Der Fall Fereshta Ludin in der BRD

In Deutschland erregte vor allem der Fall Ludin eine sehr große Aufmerksamkeit und wurde hier zu einer Art Präzedenzfall der öffentlichen Debatte. Die Afghanin Fereshta Ludin wurde 1972 in Kabul geboren und lebt nunmehr seit 1987 ununterbrochen in Deutschland. 1995 erwarb die Lehrerin muslimischen Glaubens die deutsche Staatsangehörigkeit und legte ihre erste und zweite Staatsprüfung, sowie den Vorbereitungsdienst für das Lehramt an Grund- und Hauptschulen ab.

Nach der zweiten Staatsprüfung 1998 wurde sie, offiziell aufgrund mangelnder Eignung, nicht in den Schuldienst an Grund- und Hauptschulen des Landes Baden-Württemberg übernommen. Das Oberschulamt Stuttgart reagierte damit auf den Unwillen Ludins, das Kopftuch beim Unterricht abzunehmen. Das Kopftuch wurde von Seiten des Oberschulamtes Stuttgart als Symbol klassifiziert, welches nicht nur als religiös, sondern auch als politisch verstanden werden müsse, da es als *„Ausdruck kultureller Abgrenzung"*, als *„Absage an westliche Lebensmuster"*, verwendet würde. Aus diesem Grunde lasse sich das Tragen eines Kopftuches, insbesondere von einer Beamtin im Dienst, nicht mit dem Gebot der Neutralität des Staates vereinbaren und außerdem bestünden Spannungen zwischen dem Recht der Lehrerin und der negativen Religionsfreiheit der Schüler die sich durch eine Kopftuch tragende Lehrerin die Orientierung verlieren könnten.[15]

Daraufhin legte Fereshta Ludin beim Oberschulamt Stuttgart Beschwerde ein, da sie das Tragen eines Kopftuchs nicht nur als Teil ihrer Persönlichkeit betrachte, sondern auch als Merkmal religiöser Überzeugung. Dabei berief sie sich, auf Artikel 4 des

---

[14] Vgl. Darnstädt, T. (Februar 2008), S.83.
[15] Vgl. Bader, J. (1998).

Grundgesetzes[16], welcher ihr das Grundrecht auf Religionsfreiheit zuerkenne. Die Beschwerde der Muslimin wurde am 03.02.1999 zurückgewiesen – es folgten erfolglose Klagen beim Verwaltungsgericht Stuttgart (Urteil 24. März 2000), Verwaltungsgerichtshof Baden-Württemberg (Urteil 26. Juni 2001) und beim Bundesverwaltungsgericht (Urteil 4. Juli 2002). Als der Weg durch alle deutsche Instanzen gescheitert war, legte Ludin Verfassungsbeschwerde ein.

Das Bundesverfassungsgericht kam am 24.09.2003 schlussendlich zu folgendem Urteil, mit dem es die vorangegangenen Entscheidungen revidierte und das Grundrecht auf Glaubensfreiheit stärkte:

„In Baden-Württemberg gibt es bisher keinerlei gesetzlich begründete Dienstpflicht, die es einer Lehrperson verbietet, Erkennungsmerkmale ihrer Religionszugehörigkeit innerhalb der Schule, sowie im Unterricht, zu zeigen. Aus diesem Grund kann Ludin als Lehramtskandidatin nicht für ungeeignet erklärt werden, solange keine gesetzlich begründete Dienstpflicht besteht, welche ihr das Tragen eines Kopftuchs im Unterricht verbietet."[17]

Dem Urteil folgend, kann das Kopftuch in verschiedener Art und Weise auf den Betrachter wirken, weswegen nicht pauschal davon ausgegangen werden sollte, dass das Kopftuch allein ein religiöses oder politisches Symbol darstellt. Das Recht der Lehrerin auf positive Religionsfreiheit, auf inneren wie äußerlich sichtbaren Glauben, muss deswegen gewahrt bleiben.[18]

Für das Gericht blieb die Rechtslange im Fall Ludin dennoch unklar, und so gab es den Fall zurück an die gesetzgebende Länderebene, verbunden mit dem Hinweis, dass nicht die Exekutive entscheiden könne, wie das Verhältnis von Staat und Religion in der Schule zu handhaben sei. Vielmehr müsse die Legislative in den jeweiligen Bundesländern klären wie die involvierten Grundrechte in diesem und anderen Fällen konkret zu gewichten seien.[19] Damit überließ das Bundesverfassungsgericht den einzelnen Bundesländern, mit dem Gebot auf strikte Gleichbehandlung verschiedener Glaubensrichtungen, bewusst das Feld, weil bei den jeweils auszuarbeitenden Kompromissen auch länderspezifische Faktoren wie

---

[16] In diesem heißt es unter anderem: (1) *„Die Freiheit des Glaubens, des Gewissens und die Freihei des religiösen und weltanschaulichen Bekenntnisses sind unverletzlich."* (2) *„Die ungestörte Religionsausübung wird gewährleistet."*
[17] Urteil Bundesverfassungsgericht, 2BvR 1436/02.
[18] Ebd.
[19] Ebd.

konfessionelle Zusammensetzung oder religiöse Verwurzelung berücksichtigt werden sollten. Die Länder mussten selbst regeln, ob es eine *„gesetzlich begründete Dienstpflicht"* gab und wie diese auszusehen hatte, salopp formuliert wie man die „guten" von den „bösen Kopftüchern" unterscheiden sollte. So haben die vermeintlich frömmeren unter den Bundesländern wie Bayern, Baden-Württemberg oder Nordrhein-Westfalen ihre Gesetze im Zuge des Falles Ludin so ausgearbeitet, dass Symbole *„christlicher und abendländischer Kultur"* (Nordrhein Westfalen)[20] den sakrosankten Schulalltag weiterhin gesetzlich nicht beeinträchtigen - das Kopftuch aber sehr wohl.

III.III Diskret oder Ostentativ?

Seitdem wird verstärkt zwischen ostentativen und diskreten Symbolen unterschieden – das zumindest juristische Ende der Gleichbehandlung religiöser Kennzeichen. Demnach besäßen Kreuz oder Kippa eine eindeutig und ausschließlich religiöse Bedeutung; vor allem aufgrund des kulturell-christlichen Hintergrundes der Bundesrepublik. Das Kopftuch hingegen, welches als Ausdruck einer Minderheit die Norm des Unauffälligen verletze, scheint auch durch die islamwissenschaftlich eingestandene Zweideutigkeit des Kopftuches, einen immer stärkeren ostentativen Charakter bekommen zu haben. [21]

Das Christentum gilt durch seine Mehrheitskultur hierzulande als diskreter Hintergrund und *„kultureller Sockel"*[22]. Das Kreuz ist dem Grundgesetz demnach näher als das Kopftuch – Osterfest, Weihnachten und bundesweite Feiertage bringen Säkularität und Religion schon per Gesetz zusammen. So heißt es beispielsweise in der Präambel des deutschen Grundgesetzes: *„Im Bewusstsein seiner Verantwortung vor Gott"...* Ernst Wolfgang Böckenförde, christlicher Interpret des Grundgesetzes, bilanziert den Unterschied zwischen diskreter (gewohnter) und ostentativer (als latent bedrohlich empfundener) Symbolik wie folgt : *"Auch in der säkularisierten Form ist unsere Kultur vielfach – noch – christlich geprägt."*[23] Gleichzeitig gehört zur ebenfalls gesetzlich proklamierten Glaubensfreiheit aber auch das Recht jedes Einzelnen, seine Religion hierzulande frank und frei ausüben zu dürfen.

---

[20] Vgl auch bei: Darnstädt, T. (Februar 2008), S.84.
[21] Vgl. Wohrab-Sahr, M. (2003), S.277 ff.
[22] Zitat nach Ernst Wolfgang Böckenförde in: Darnstädt, T. (Februar 2008), S.82.
[23] In ebd.

Hiermit war und ist die Frage die der Präzedenzfall Ludin aufwarf, auch eine Frage danach, wie viel Freiheit der Staat vermeintlichen „Gegnern" seines Rechtssystems zugestehen will. Dies impliziert die Abwägbarkeit zwischen Integration und Assimilation ebenso wie eine Ausdifferenzierung der (von der „Mehrheitsgesellschaft") definierten Signalwirkung des ostentativen Kopftuches.

IV Kopftuch-Debatten in laizistischen Staaten

IV.I „Nouvelle Laicité" in Frankreich

„Frankreich ist eine unteilbare, laizistische, demokratische und soziale Republik. Sie gewährleistet die Gleichheit aller Bürger vor dem Gesetz ohne Unterschied der Herkunft, Rasse oder Religion. Sie achtet jeden Glauben."

Im Hinblick auf das Verhältnis von Staat und Religion impliziert Artikel 1 der französischen Verfassung bereits den wichtigsten Unterschied zu Deutschland: Der republikanische Laizismus, die strikte Trennung von Staat und (vor allem katholischer) Kirche geht auf die Ideale der Französischen Revolution von 1789 zurück und ist seit 1905 offizieller Teil der kollektiven Identität Frankreichs. Somit beruft sich die französische Verfassung nicht wie das deutsche Grundgesetz auf Gott als Referenz und schließt jegliche religiöse Symbolik von Seiten staatlicher Amtsträger aus. Ein „Fall Ludin", eine öffentliche Debatte über eine mit Kopftuch unterrichtende Lehrerin, wäre im laizistischen Frankreich völlig undenkbar gewesen, da sich die 5. Republik nicht auf einen kulturchristlichen Hintergrund ihrer Schulausbildung stützt.[24]

Dennoch entbrannte 1989 in Frankreich rund um drei muslimische Schülerinnen mit Kopftuch ein langer und äußerst emotionaler Kulturstreit, der in einer regelrechten Krise des Nationalstaates mündete. In einem Vorort von Paris waren drei Schülerinnen von der Schule suspendiert worden, da sie sich weigerten ihre Kopftücher abzunehmen. Der Direktor der Schule sprach davon, dass eine solch sichtbare Zurschaustellung religiöser Zeichen die grundlegenden Prinzipien der „école laique" gefährde[25].

---

[24] Vgl. Hervieu-Léger, D. (1997), S.87 ff.
[25] Vgl. ebd. S. 125 ff.

Die französische Presse hatte zuvor immer wieder Bilder von komplett verschleierten Frauen, den „filles d'origine maghrébine"[26] gezeigt und die ohnehin vorhandene Angst vor gefährlichen Parallelgesellschaften damit zusätzlich geschürt. In weiten Teilen der französischen Gesellschaft zementierte sich ein pauschal-negatives Islambild, welches sich die politische Rechte des Landes, insbesondere die Front National (FN), zu Nutze machte. Die Problematik einer liberalen Einwanderungspolitik der 60er Jahre, innerhalb derer mehr als drei Millionen Menschen einwanderten[27], führte zu der Annahme, dass mit der Immigration sowohl die wirtschaftlichen als auch die sozialen Schwierigkeiten sprunghaft angestiegen seien und der Staat in Fragen der Immigration endlich rigoros durchgreifen müsse. Das Kopftuch stieg im Fahrwasser nationaler Tendenzen schnell zum Symbol für „Differenz und Kultur", zu einer Bedrohung der Republik auf. Kopftuch und vermeintliche „Ghettos" wurden zu Synonymen verfehlter Einwanderungspolitik, gegen die Politiker quer durch alle Parteien Handlungsbereitschaft versprachen.

Für die Öffentlichkeit stand nicht weniger als Säkularisierung, Aufklärung und Universalismus – die Eckpfeiler der französischen Revolution und damit eine Art Nationalheiligtum - auf dem Spiel.[28] In diesem Kontext gerieten die drei Kopftuch tragenden Schülerinnen zu Präzedenzfällen, ihr erzieherisches Umfeld beinahe in den Status von Verfassungsfeinden. So meinte der populäre französische Schriftsteller Bernard Henri-Lévy, dass man die muslimischen Schülerinnen nicht durch einen Schulausschluß aus den Fängen des Islam befreien könne, sondern nur durch eine rigorose Integration in die französische Gesellschaft, da die Mädchen stark von Tabus und bestimmten Formen der Unterwürfigkeit geprägt seien[29].

Der damalige Erziehungsminister Lionel Jospin kritisierte den Verweis der Schülerinnen auf das Schärfste und bekam vom Avis de Conseil d'Etat recht. Das Verfassungsgericht betonte in seinem Urteil die Religionsfreiheit und das Diskriminierungsverbot, verwies aber ausdrücklich auf die Gefahr des Mißbrauchs eines Kopftuches zu Propagandazwecken. Die Kopftuchdebatte spaltete damit selbst die linken politischen Lager, die sowohl für den staatlich gewährten Schutz der Kinder vor ihren Eltern als auch für die Verantwortung der Schule für den religionsfreien Raum plädierten. Die klassisch republikanische Idee der Laizität

---

[26] Vgl. Hübner, M. (1996), S.15/16.
[27] Vgl.Silvermann, M. (1994), S.81.
[28] Vgl. ebd. S.120.
[29] Vgl. ebd. S.121.

musste neu interpretiert und gesetzlich klar definiert werden, so dass Erziehungsminister Bayrou am 20.09.1994 ein Gesetz verabschiedete, welches ostentative Zeichen wie das Kopftuch, ohne es in dem Gesetz allerdings namentlich zu erwähnen, verbot.[30] Das „Circulaire Bayrou" machte den Anfang für eine aktive Religionspolitik in den 90er Jahren, in denen der Staat und die wichtigsten Vertreter des Islam gemeinsam daran arbeiteten, den Islam in Frankreich als gleichberechtigte Religion zu behandeln, ohne die Grundfesten des Laizismus dabei zu erschüttern. Die „Nouvelle Laicité" stand damit aber weiterhin im Spannungsfeld von Integration und Assimilation. Zudem wurde die Frage des Kopftuches an Schulen nicht eindeutig geklärt. Weder entwickelte sich eine generelle Trageerlaubnis noch setzte sich das durch das „Circulaire Bayrou" manifestierte Verbot des Kleidungsstückes durch. Frankreichs Muslime streben weiterhin verstärkt nach sozialer und politischer Anerkennung und machen diese vor allem daran fest, wie stark ihnen der Staat Möglichkeiten bietet, sich in Fragen der Religion individuell und frei bewegen zu können. Umso mehr religiöse Zugeständnisse den islamischen Gruppierungen, häufig Einwanderen, aber gemacht werden, desto stärker bangen Franzosen ohne Migrationshintergrund um ihre Grundrechte und das Prinzip der Laizität. Sie fühlen sich durch zu offensive Religiösität politisch und sozial bedroht – eine Art Kulturfalle, die sich am Kopftuch entzündete und der Frankreich bis heute wohl noch nicht so ganz entkommen ist.[31]

IV.II Kemalistische Elite und Schleier in der Türkei

„Wir wollen das Leiden unserer Mädchen vor den Toren der Universitäten beenden", versprach Anfang des Jahres 2008 der türkische Premierminister Tayyip Erdogan[32].
„Wir werden nicht zulassen, dass unser Land ins finstere Mittelalter zurückfällt", entgegnete ihm der Oppositionspolitker Canan Aritman[33].
Was sich zunächst anhört wie martialische Rhetorik kurz vor dem Kriegsausbruch, geht „lediglich" um die Aufhebung eines nicht mal dreißig Jahre währenden Verbotes: 1980 hatte die kemalistische Elite Studentinnen untersagt, ein Kopftuch an den Universitäten zu tragen. Neun Jahre später wurde dieses Verbot vom

[30] Vgl.Hübner, M. (1996), S.73 ff.
[31] Vgl. Leveau, R. (1994), S.177.
[32] Zitat aus Höhler, G. (11. Februar 2008), S.11.
[33] Zitat aus ebd.

Verfassungsgericht bestätigt und blieb im Laufe der Jahre auch aufgrund der kemalistischen Bewahrungspolitik weitesgehend unberührt.

Anfang 2008 befürchteten politische Gegner des Premiers Erdogan und seiner Partei AKP (Adalet ve Kalinma Partisi, Deutsch: Partei für Gerechtigkeit und Aufschwung) im einizigen muslimischen Nao-Staat und EU-Bewerberland eine Art *„islamische Machtergreifung"*[34]. Seitdem steht das säkulare, laizistische Lager der Kemalisten dem religiös-konservativen Lager Erdogans äußerst konfrontativ gegenüber – den diskursiven Sprengstoff liefert das Kopftuch: Den Kemalisten auf der einen Seite geht es dabei vor allem um die Bewahrung der Ideale Kemal Atatürks, dem Staatsgründer der Türkei und strengem Verfechter der Laizität nach französischem Vorbild[35]. Sie befürchten bei einer Aufhebung des Kopftuch-Verbotes einen Gottesstaat ähnlich dem Iran, welcher einer omnipräsenten Scharia, einem streng-islamisch-fundamentalistischen Regelwerk folgen könnte. Das Kopftuch ist ihnen nicht nur ein rein religiöses Symbol, sondern steht auch stellvertretend für eine latent gefühlte Bedrohung ihrer westlichen Lebensart[36]. Realpolitisch gesehen stehen das Kopftuch und ein vermeintliches „Comeback" der öffentlich gezeigten Religiösität dem Machterhaltungstrieb der Kemalisten, der alten Eliten des Landes wie zum Beispiel dem Militär, im Weg.

Für die Anhänger vom Premier Erdogan und der AKP ist das Kopftuchverbot in diesem Machtkampf ein Zeichen der anhaltenden Diskriminierung, weil es den Aufstieg der kleinbürgerlichen Klasse aus der Provinz versinnbildlicht, aus der vor allem die Frauen mit Kopftuch stammen. Bis 1980 waren die Universitäten nur den kemalistischen Eliten vorbehalten – als die frommen anatolischen Familien dann begannen ihre Kinder auf die Hochschulen zu schicken, reglementierten die Eliten den Zugang auch über das Kopftuchverbot[37]. Die aufstrebende muslimische Mittelschicht registriert diese Zensur bis heute als Beispiel dafür, wie sie von der alten Elite diskriminiert und am sozialen Aufstieg gehindert wird. Die westlich-sozialisierte, türkische Soziologin Necla Kelek hingegen bezeichnet das Kopftuch kritisch als *„Fahne mit der die AKP und ihre Frauen politisch die Flagge des Islam*

---

[34] Vgl. Seibert, T. (31. Januar 2008), S.23.
[35] Kritiker sprechen hier vor allem von einem französischen Vorbild *vor* 1905, als die junge Republik nicht streng zwischen Staat und Religion trennte sondern die katholische Kirche massiv staatlich kontrollierte und unterdrückte. Der Laizismus unter Atatürk wurde so auch zu einer Art Staatszielerfüllung, welche apologetisch auf die Domestizierung staatlicher Religionsbehörden wirkte → Vgl. Hermann, R. (02. Februar 2008), S.13.
[36] Vgl. Höhler, G. (04. Februar 2008), S.27.
[37] Vgl. Seibert, T. (31. Januar 2008), S.23.

zeigen und die gesellschaftliche Norm bestimmen wollen[38]. Politik und Religion bilden im emotionalen Diskurs über das Kleidungsstück eine Art Symbiose im eigentlich laizistischen Staat. Das Kopftuch besitzt in seiner Symbolik für beide Seiten große Bedeutung und spiegelt in gewisser Hinsicht die innere Zerissenheit der Türkei wieder. Der *„Zusammenstoss der Zivilisationen"*[39] handelt auch von der Frage, ob man einen westlichen Lebensstil pflegen muss, um modern zu sein oder ob nicht auch ein Muslim mit seinem Lebensstil modern sein kann – der Streit um das Kopftuch spielt damit auch in die anhaltende und für die Türkei äußerst unbefriedigende Debatte um den EU-Beitritt des eurasischen Landes hinein.

Auch deshalb beschlossen Erdogan und seine Partei die Änderung zweier Verfassungsartikel sowie der gesamten Hochschulordnung, um das Kopftuch an den Universitäten wieder zu erlauben. Laut Umfragen wussten sie mit dieser Aktion 65 Prozent der Türken hinter sich[40] - im Parlament wurden die Vorschläge schließlich mit 411 zu 103 Stimmen angenommen, was heftige öffentliche Demonstrationen vor allem junger säkular-gesinnter Studenten nach sich zog.

Das Verfassungsgericht bremste diesen Vorschlag auch aufgrund heftigen öffentlichen Gegenwindes schlußendlich aus und stimmte im Sommer 2008 sogar über ein Verbotsverfahren der Regierungspartei AKP wegen anti-laizistischer Tendenzen ab. Premier Erdogan und seine Mitstreiter entkamen nur knapp ihrem politischen Ende, da das Verfahren im Gericht haarscharf an der erforderlichen Zwei-Drittel-Mehrheit vorbeischrammte. Somit scheint - mit der extremen Schwächung der Regierungspartei - die Abschaffung des Kopftuchverbotes nicht mehr zur Diskussion zu stehen. Doch die religiösen, politischen, sozialen und emanzipatorischen Spannungen die in der Türkei an diesem Kleidungsstück entflammt sind, haben den Nationalstaat Türkei wohl auf längere Sicht in eine schwere Sinnkrise und tiefe Spaltung seiner Interessensgruppen gestürzt.

V Muslime in Deutschland – ein Spiegelbild der Statistiken?

Ab 1961 kamen Türken, zwei Jahre später Marokkaner und bald darauf auch Tunesier als dringend benötigte Gastarbeiter nach Deutschland. Weder der spätere Stopp der Anwerbungen noch die eingeschränkte Familienzusammenführung konnten den Zustrom von Muslimen aufhalten, so dass viele ehemalige Gastarbeiter

---

[38] Zitat aus Kelek, N. (06. Oktober 2008), S.19.
[39] Zitat aus Hermann, R. (02. Februar 2008), S.13.
[40] Vgl. Höhler, G. (11. Februar 2008), S.11.

mit muslimischem Hintergrund nun zum Teil in dritter Generation in der Bundesrepublik leben. Erst 2006 bekannte Innenminister Wolfgang Schäuble öffentlich: „Der Islam ist ein Teil Deutschlands!" – dieser Satz zur Eröffnung der Islamkonferenz war eine *„Revolution im deutschen Selbstbild"*[41], da die Vorstellung eines deutschen Bürgers türkischer Herkunft und islamischen Glaubens lange Jahre als Utopie abgetan und der Status der Bundesrepublik als Einwanderungsland lange negiert worden war. Heute besitzen eine Million der hier lebenden Muslime die deutsche Staatsangehörigkeit, gehen knapp 700 000 muslimische Schüler auf öffentliche Schulen und stehen 160 klassische Moscheen im Lande[42].

Laut einer Allensbach-Studie aus dem Jahre 2006 verbinden 98 Prozent der Deutschen mit dem Islam Gewalt und Terror, rund sechzig Prozent glauben nicht an eine friedliche Koexistenz von Islam und Christentum und nur sechs Prozent bekunden überhaupt irgendeine Sympathie mit der Religion[43]. Der Islam wird in der Bundesrepublik vor allem im Wesen eines universellen Volksislam bewertet und damit bewusst in Abgrenzung zum partikularen Christentum interpretiert. Dabei sind die Muslime hierzulande alles andere als eine homogene Gruppe, weder in religiöser, ethischer, politischer noch in kultureller Hinsicht[44]. In der öffentlichen politischen Diskussion treten zumeist nur die Lobbyisten des organisierten Islam als Repräsentanten der gesamten muslimischen Bevölkerung auf, gelten aber letztlich nur als Vetreter von rund 20 Prozent der hier lebenden Muslime.

Einer Studie der Bertelsmann-Stiftung vom September 2008 zufolge, geben 90 Prozent der Muslime in Deutschland an religiös zu sein, rund 40 sogar hoch religiös, unter ihnen vor allem jüngere Gläubige[45]. Von dieser Gruppe bekennender Moslems lehnen rund 52 Prozent (37 Prozent der Hochreligiösen) das Kopftuch strikt ab - insgesamt sprechen sich deutlich mehr muslimische Frauen als Männer für das Tragen des Kleidungsstückes aus. Michael Blume, Theologe und Berater der Studie, vermutet, *„dass das Kopftuch auch ein Signal von Frauen sein kann, potenziellen Partnern loyale Verbindlichkeit zu signalisieren, sie aber vor allem umgekehrt auch*

[41] Vgl. Spuler-Stegemann, U. (01. Februar 2008). Der Elefant des Kalifen - Wie der Islam nach Deutschland kam. *Spiegel Special: Allah im Abendland - Der Islam und die Deutschen* , 2, S. 35.
[42] Statistiken aus *Spiegel Special: Allah im Abendland-Der Islam und die Deutschen* , 2, S. 26-27.
[43] Vgl. Spuler-Stegemann, U. (01. Februar 2008). Der Elefant des Kalifen - Wie der Islam nach Deutschland kam. *Spiegel Special: Allah im Abendland - Der Islam und die Deutschen* , 2, S. 35.
[44] Ebd.
[45] Zahlen aus *Sonderstudie Islam Bertelsmann-Stiftung* (September 2008) Vgl. Kamann, M. (27. September 2008), S.4.

einzufordern"[46] – quasi eine muslimische Version von Goethes Gretchenfrage. Der Glauben spielt für die befragten Musliminnen der Studie eine große Rolle bei der Erziehung und im Alltag, kaum aber in politischen Angelegenheiten. Zudem stimmen laut der Studie 85 Prozent der hier lebenden Muslime mit den religiösen Toleranzgeboten unserer Verfassung überein, also nicht weniger als im Rest der Gesellschaft.

Allerdings deuten die Ergebnisse einer neuen Umfrage des Hamburger Kriminologie-Institutes ein tiefes Misstrauen vieler Muslime gegenüber „Errungenschaften" westlicher Zivilisationen an: Demnach pflegen knapp 70 Prozent der hier lebenden Muslime bewusst eine mittlere bis große Distanz zur Demokratie[47]. Desweiteren befanden drei von vier Befragten die Sexualmoral der westlichen Gesellschaft als *„völlig verkommen"*, rund 65 Prozent sprachen vom Islam als einzig wahre Religion und fast jeder Zweite fühlte sich als guter Moslem dazu verpflichtet, Ungläubige zu bekehren.

VI Fazit / Kommentar

VI.I Islamophobie in modernen Gesellschaften

Auch traditionell gewachsene Wertemuster können und müssen sich mitunter ändern - moderne Gesellschaften befinden sich im sozialen Wandel. Der Islam stellt in Deutschland mit 3,5 Millionen Muslimen die drittgrößte Religionsgruppe, in Frankreich mit mehr als fünf Millionen Muslimen sogar die Zweitgrößte. Diese Staaten sind unter anderem aufgrund jahrzehntelanger Migration Beispiele moderner Gesellschaften, die eine vielschichtige Diskussion über eine Neuordnung oder Umgestaltung gesellschaftlicher Werte annehmen müssen, ohne ihren politschen, religiösen und kulturellen Hintergrund gänzlich aufgeben zu müssen.

Das Kopftuch gilt in beiden Ländern als eindeutiges Symbol für den Islam - in einem uneindeutigen Konglomerat von religiösen, politischen und sozialen Zuschreibungen. In Deutschland wie in Frankreich ist das Kopftuch beinahe ausschließlich negativ konnotiert und wird von großen Teilen der Gesellschaft als latente Bedrohung westlicher Lebenswelten wahrgenommen. Aus zunächst rein kultureller Abgrenzung zum Islam ergeben sich mitunter generell ablehnende Haltungsmuster Muslimen

---

[46] In ebd.
[47] Statistiken aus *Spiegel Special* (Februar 2008), S.26-27.

gegenüber. So sind in beiden Ländern Züge einer Islamophobie zu erkennen, die auch als Ausdruck einer subtilen Kultur der Dominanz gelesen werden können. Eigene, westliche Wertevorstellungen werden als vorbildhaft und andere Lebensmuster a priori als minderwertig und inakzeptabel eingestuft.

VI.II Deutschland und sein „rotes Tuch"

In gewisser Hinsicht lässt sich dieses Phänomen der aus fahrlässiger Ignoranz entstandenen Unwissenheit auch in den bereits thematisierten Kopftuch-Debatten in Deutschland und Frankreich erkennen: Die amtierende Kultusministerin im Präzedenzfall Ludin und heutige Bildungsministerin Annette Schavan verfolgte während der deutschen Diskussion eine rigoros-abendländische Linie gegen Musliminnen. Ein vermeintlich unreflektiertes Unbehagen über das fremde Fromme sowie eine Art definitorische Hilflosigkeit Schavans gegenüber der Symbolik des Kopftuches drückte sich damals in einer ihrer öffentlichen Aussagen wie folgt aus: *„Das verpflichtende Tragen eines Kopftuches wirkt integrationshemmend"*[48] – eine in jeder Hinsicht pauschale Aussage, welcher der dezidiert-mehrschichtigen Symbolik des Kleidungsstückes nur schwerlich gerecht wurde. Eine juristische Schublade für dieses Unverständnis lieferte die Unterscheidung zwischen ostentativen und diskreten Symbolen, welche auf den kulturchristlichen Hintergrund der deutschen Schulausbildung abzielte[49].

Die Rechtslage bleibt auch weiterhin nebulös – so dürfen Referendarinnen mit Kopftuch, nach dem jüngsten Urteil des Bundesverwaltungsgerichtes, den mutmaßlichen Schulfrieden stören, nicht aber wenn sie Examen gemacht und ihre Lehrtauglichkeit unter Beweis gestellt haben. In Baden-Württemberg wurde im Frühjahr 2008 die Klage der 1995 zum Islam konvertierten Doris G. nach langem Hin und Her abgewiesen – die eindeutig westlich sozialisierte Lehrerin muss von nun an ihr seit Jahren vor den Schülern getragenes Kopftuch während des Unterrichts abnehmen – Nonnen könnten laut des baden-württembergischen Kultusministers Helmut Rau (CDU) aber weiterhin in Ordenstracht an staatlichen Schulen unterrichten, da dies ein Ausdruck christlich-abendländischer Kultur sei[50].

---

[48] In ebd. S.83.
[49] Vgl. Wohrab-Sahr, M. (2003), S.273-297. Frankreich verwies in seiner Debatte analog auf das laizistische Erbe der Republik, der strengen Trennung von Religion und Staat.
[50] Vgl. dpa. (18. März 2008)

In Berlin machten sich kürzlich Politiker von SPD und Linkspartei mit einer Broschüre für eine pauschal stärkere Akzeptanz der Kopftuch-Trägerinnen stark und ernteten heftigen Widerspruch – diesmal von türkischstämmiger Seite. Die sprach von einem *„Kniefall vor den Fundamentalisten"*[51].

VI.III Einbahnstrasse Symbolik

Das ist die Krux der Kopftuch-Symbolik hierzulande, die sich so häufig und hinreichend mit *dem* Islam, **dem** Kopftuch, *der* Unterdrückung der Frau oder *der* Ablehnung westlicher Werte auseinandersetzt: Die dem Kopftuch zweifelsohne innewohnende Symbolik wird diesem von westlichen Zivilisationsvorstellungen von außen aufgestülpt, ohne sich eingehend mit dem Hintergrund dieser Merkmale auseinandergesetzt zu haben. In Sachen Kopftuch geht es nicht bloß um die Frage, wie viel fremde Religiosität eine Gesellschaft verträgt.

Die Kopftuch-Debatte in der Türkei beweist vielmehr die vielschichtigen religiösen, historischen , sozialen, politischen und emanzipatorischen Identifikationsmuster, welche dem Kopftuch zugrunde liegen können und führt die in westlichen Ländern oftmals vorherrschende Gleichung Kopftuch = pro Islam = rückständig = Unterdrückung der Frau = Fundamentalismus ad absurdum[52]. Zugleich deutet diese Kopftuchdebatte innerhalb eines (beinahe) rein muslimischen Landes etwas Weiteres an: Die im breiten Konsens, von der einen wie der anderen Seite, als allgemeingültig zugeschriebene Symbolik des Kopftuches ermöglicht es dem Staat, gewisse Kleiderordnungen von oben zu erlassen. In abgeschwächter Form geschah dies auch im Zuge der Kopftuchdebatten in Deutschland und Frankreich auf der Basis islamophober Tendenzen innerhalb der Gesellschaft.

Im konkreten Fall von Fereshta Ludin, die im Laufe der Kopftuch-Debatte vermutlich eng mit vermeintlich fundamentalistischen Organisationen (Milli Görüs) zusammenarbeitete und deutsche Frauen pauschal als unrein sowie die gesamte westliche Welt als dekadent bezeichnet haben soll, hatte Alice Schwarzer 2003 sicherlich nicht Unrecht, wenn sie forderte *„keine gönnerhafte Pseudo-Toleranz"* mehr aufzubringen[53].

Dennoch muss sorgsam zwischen Muslima unterschieden werden, die das Kopftuch nach wie vor aus relativ unreflektierten von den Eltern streng tradierter Traditionen

---

[51] Vgl. Emmerich, M. (09. Februar 2008), S. 11 und Höher, S. (09. September 2008), S. 7.
[52] Vgl. Kalnoky, B. (09. Februar 2008), S. 6 und Zeitung, F. A. (08. März 2008) S. 14-16.
[53] Vgl. Schwarzer, A. (01. Juli 2003).

tragen, und denen, welche den Umgang mit dem Kopftuch auf eine neue selbstbestimmte Ebene bringen.

Frank Jessen und Ulrich von Wilamowitz Moellendorff gehen in ihrer Untersuchung[54] hauptsächlich vier Gründe für das Tragen eines Kopftuches an:

- *Tradition als ausschlaggebender Faktor*
- *Entscheidung aufgrund religiöser Überzeugungen*
- *Das Tragen des Kopftuches als Zeichen des Protestes*
- *Das Kopftuch als politisches Symbol*

Neue Studien *„weisen zudem auf eine selbstbestimmte und selbstbewusste Form des Islam bei jungen Kopftuchträgerinnen hin"*[55]. Die sogenannten Neo Muslimas – deren Rückgriff auf den Islam als Religion nicht ihre eigene selbstbestimmte Wahl ist, deren Umgang mit dieser aber sehr wohl, akzeptieren „westliche" Grundwerte fordern aber gleichzeitig ihr Recht auf Andersartigkeit ein[56]. Ein moderner, rationaler Islam fungiert ihnen als kulturelles Kapital und Bindung zu den Eltern, aber auch als Grundlage höherer Vernunft für den Aufbau einer eigenen individuell-ethischen Kultur. Die Neo-Muslima tragen Türban statt traditionellem Kopftuch (Basörtü) - im Sinne einer bewusst gewandelten Symbolik - und deklarieren sich als Gläubige welche selbstbewusst Teilhabe am öffentlichen Leben fordern.

Ihnen dient der Schleier auch als identitätsstiftendes Merkmal und als Emanzipation gegen einen latent vorhandenen assimilatorischen Egalitarismus des Westens. *„Ein Stigma und Zeichen der Unterlegenheit ist im Begriff, in ein Zeichen der Ermächtigung und des Prestiges verkehrt zu werden"*, meint die Soziologin Nilüfer Göle[57] und spricht von einer *„Kampfansage an säkulare Vorstellungen von weiblicher Emanzipation und eine an die Vorstellungen muslimischer Männer, die den Schleier als Ausdruck der Unterwerfung unter ihre Autorität verstehen"*.

Wollen westliche wie muslimisch-geprägte Öffentlichkeiten die Einbahnstraßen-Symbolik des Kopftuches beenden, gilt es, diese weibliche Selbstbestimmung muslimischen Glaubens unter dem Einfluss der westlichen Integration zu fördern und das Kopftuch als eine individuelle und vor allem dynamische Symbolik zu etablieren.

---

[54] Jessen, F., & von Wilamowitz-Moellendorff, U. (2006), S.56 ff.
[55] Zitat aus Pape, E. (2005), S.61.
[56] Vgl. Höglinger, M. (2003), S.114.
[57] Vgl. Göle, N. (26. Februar 2008), S. 9.

Ähnlich einem möglichen EU-Beitritt der Türkei sollte der Schleier enttabuisiert und als Brücke zwischen islamisch geprägten Teilgesellschaften und der christlich orientierten Mehrheit genutzt werden. Das Kopftuch als Merk- und Mahnmal einer modernen Gesellschaft, in der das Lernen von- und der bewusste Umgang miteinander von reicher kultureller Vielfalt zeugen.

VII Literaturverzeichnis

- Bader, J. (1998). *Darf eine muslimische Lehrerin in der Schule ein Kopftuch tragen? Verwaltungsblätter für Baden-Württemberg* 19, Stuttgart.

- Darnstädt, T. (Februar 2008). *Religiöse Reizwäsche - Der Glaubenskrieg um das Kopftuch.* In Spiegel Special: *Allah im Abendland - Der Islam und die Deutschen,* Hamburg, S. 80-84.

- dpa. (18. März 2008). *www.spiegel.de.* Abgerufen am 20. Oktober 2008 von *Muslimische Lehrerin - Nonnentracht ja, Kopftuch nein:* www.spiegel.de/schulspiegel/wissen/0,1518,542144,00.html

- Emmerich, M. (09. Februar 2008). *Körting: Kopftuch-Verbot wird nicht auf Dauer bleiben - Umstrittenes Neutralitätsgesetz steht auf der Kippe. Berliner Zeitung ,* Berlin, S. 11.

- Evangelischer Pressedienst. (13. August 2004). *Untergang des Abendlandes? - Die verfassungspolitischen und gesellschaftlichen Auswirkungen des Kopftuchstreits.* Frankfurt, S. 1.

- Göle, N. (26. Februar 2008). *Emanzipation auf islamisch - Der Kampf für das Kopftuch in der Türkei zeugt vom wachsenden Selbstbewusstsein muslimischer Frauen. Die Welt ,* Berlin, S. 9.

- Göle, N. (1995). *Schleier und Republik- Die muslimische Frau in der modernen Türkei.* Schiller Verlag, Berlin.

- Höglinger, M. (2003). *Verschleierte Lebenswelten - Zur Bedeutung des Kopftuches für muslimische Frauen.* Ethnologische Studie, Edition Roesner, Maria Enzersdorf, Wien.

- Höher, S. (09. September 2008). *Umstrittene Berliner Kopftuch-Broschüre. Die Welt,* Berlin, S. 7.

- Höhler, G. (11. Februar 2008). *Kopftuch-Erlaubnis an türkischen Unis schürt Spannungen. Frankfurter Rundschau ,* Frankfurt, S. 11.

- Höhler, G. (04. Februar 2008). *Mit roten Fahnen gegen das Kopftuch - Regierungsgegner machen mobil gegen Aufhebung des Schleierverbots. Frankfurter Rundschau ,* Frankfurt, S. 27.

- Hübner, M. (1996). *La beurette - Vom Aus der Vorstädte ins Herz der französischen Gesellschaft?* Universität Frankfurt Institut für Kulturanthropologie, Frankfurt.

- Hermann, R. (02. Februar 2008). *Fall eines Verbots - Der Säkularismus in der Türkei ist nicht bedroht, wenn Studentinnen das Kopftuch tragen dürfen.* Frankfurter Allgemeine Zeitung, Frankfurt, S. 13.

- Hervieu-Léger, D. (1997). *Die Vergangenheit in der Gegenwart: Die Neudefinition des "laizistischen Paktes" im multikulturellen Frankreich.* In P. L. Berger, *Die Grenzen der Gemeinschaft. Konflikt und Vermittlung in pluralistischen Gesellschaften* (S. 85-153). Bertelsmann, Gütersloh.

- Hoffmann, C. (27. Januar 2008). *Streit über das kemalistische Erbe-Die AKP will das Kopftuch an türkischen Universitäten zulassen. Es droht Ungemach.* Frankfurter Allgemeine Sonntagszeitung, Frankfurt, S. 58.

- Jessen, F., von Wilamowitz-Moellendorff, U. (September 2006). *Das Kopftuch. Die Entschleierung eines Symbols,* Zukunftsforum Politik, Nr.77, Konrad-Adenauer-Stiftung e.V., Sankt Augustin.

- Kalnoky, B. (09. Februar 2008). *Ohne Kopftuch fühle ich mich splitternackt - Türkei streitet über Lockerung des Kopftuchverbots. Die Welt,* Berlin S. 6.

- Kamann, M. (27. September 2008). *So denken Muslime in Deutschland - Studie räumt mit Vorurteilen auf. Die Welt,* Berlin, S. 4.

- Kelek, N. (06. Oktober 2008). *Das Kopftuch ist eine Flagge. Die Welt,* Berlin, S. 19.

- Leveau, R. (1994). *Migration und Staat - Inner- und intergesellschaftliche Prozesse am Beispiel Algerien, Türkei, Deutschland und Frankreich* (Bd. 2). Ruf, Werner (Hg.), Münster/Hamburg.

- Pape, E. (2005). *Das Kopftuch von Frauen der zweiten Einwanderergeneration.* Shaker Verlag, Aachen.

- Paret, R. (1993). *zitiert den Koran.* In C. Knieps, *Geschichte der Verschleierung der Frau im Islam* (S. 200 ff.). ERGON-Verlag, Würzburg.

- Schwarzer, A. (01. Juli 2003). *www.emma.de.* Abgerufen am 20. Oktober 2008 von *Editorial Emma - Ludin die Machtprobe:* www.emma.de/677.html

- Seibert, T. (31. Januar 2008). *Freiheit, die sie meinen - In der Türkei soll das Kopftuch an Universitäten erlaubt werden. Der Tagesspiegel,* Berlin, S. 23.

- Silvermann, M. (1994). *Rassismus und Nation - Einwanderung und Krise des Nationalstaates in Frankreich.* Argument-Verlag, Berlin.

- Spuler-Stegemann, U. (01. Februar 2008). *Der Elefant des Kalifen - Wie der Islam nach Deutschland kam.* In Spiegel Special: *Allah im Abendland - Der Islam und die Deutschen , Band 2,* Hamburg, S. 34-37.

- Traub, R. (01.. Juni 2008). *"Ich bin die Türkei" - Mustafa Kemal Atatürk.* Spiegel Special : *Land im Aufbruch - Türkei , Band 6,* Hamburg, S. 22-23.

- Urteil Bundesverfassungsgericht zum Kopftuchstreit, *2BvR 1436/02* (Bundesverfassungsgericht 24. September 2003), Karlsruhe.

- Wohrab-Sahr, M. (2003). *Politik und Religion. Diskretes Kulturchristentum als Fluchtpunkt europäischer Gegenbewegungen gegen einen ostentativen Islam.* In Schroer, M. *Der Begriff des Politischen, Politische Welt ,* Sonderband 14, Nomos-Verlag, Baden-Baden, 273-297.

- Zeitung, F. A. (08. März 2008). *Mein Kopf gehört mir - Streitgespräch zwischen zwei Istanbuler Studentinnen. Frankfurter Allgemeine Zeitung,* Frankfurt, S. 14-16.